En el trabajo

Paisajistas

Perímetro

Wendy Conklin, M.A.

Asesoras

Michele Ogden, Ed.D
Directora, Irvine Unified School District

Jennifer Robertson, M.A.Ed.
Maestra, Huntington Beach City School District

Créditos de imágenes

Rachelle Cracchiolo, M.S.Ed., *Editora comercial*
Conni Medina, M.A.Ed., *Gerente editorial*
Dona Herweck Rice, *Realizadora de la serie*
Emily R. Smith, M.A.Ed., *Realizadora de la serie*
Diana Kenney, M.A.Ed., NBCT, *Directora de contenido*
Stacy Monsman, M.A., *Editora*
Kevin Panter, *Diseñador gráfico*

Créditos de imágenes: pág. 15 James Davies/Alamy Stock Photo;
todas las demás imágenes de Shutterstock y/o iStockphoto

Teacher Created Materials

5301 Oceanus Drive
Huntington Beach, CA 92649-1030
http://www.tcmpub.com

ISBN 978-1-4258-2893-6

Contenido

Paisajistas

Hoy en día, más y más familias quieren crear espacios exteriores habitables. Pero no se trata solo de llevar cosas del interior al aire libre. También quieren plantas, flores, **arbustos** y árboles.

Esto puede ser mucho trabajo. Quizá la gente no sepa cómo crear estos espacios. ¿Qué tipo de plantas sería mejor? ¿Hay ciertas flores que atraen a las mariposas? ¿Puede haber un fogón de piedra para asar malvaviscos? ¿Hay espacio suficiente para un sendero de piedra? ¡Puede haber mucho en qué pensar!

Por lo tanto, las personas llaman a los **paisajistas** para que los ayuden. Los paisajistas se diferencian de los arquitectos. Los arquitectos diseñan edificios. Los paisajistas planifican áreas naturales. ¿Necesitas planos para una casa? Llama a un arquitecto. ¿Quieres rediseñar el jardín trasero? ¡Es un trabajo para un paisajista! Gracias a su preparación pueden diseñar bellos espacios al aire libre.

Un paisajista planifica un espacio al aire libre que combina la naturaleza con otros elementos.

A comenzar

Una vez contratados, los paisajistas deben preguntarles a sus **clientes** sobre sus deseos y necesidades. Algunos clientes pueden ser expertos en huertos. Quieren cultivar sus propias comidas. Otros pueden ser expertos en jardines de rosas. Quieren las mejores rosas rojas de la ciudad. Otros pueden ser maestros en la parrilla. Necesitan un lugar sombreado para preparar los asados. Puede que todos ellos quieran caminar por sus patios sin ensuciarse los pies. Los paisajistas hacen muchas preguntas. Escuchan atentamente. Es su trabajo hacer realidad estos sueños al aire libre.

Para ello, los paisajistas necesitan dos tipos principales de materiales. Necesitan **áreas verdes** y **paisaje construido**. Las áreas verdes se forman con cosas vivas. Incluyen las plantas, las flores, los arbustos y los árboles que se usarán. Los senderos, las rocas, las paredes y los fogones de piedra que se añaden a la naturaleza forman el paisaje construido. Los paisajistas usan estos elementos para crear espacios al aire libre perfectos.

¡Lo único que le falta a esta zona al aire libre es la comida y un cocinero dispuesto!

6

Estas verduras están casi listas para la cosecha.

EXPLOREMOS LAS MATEMÁTICAS

El **perímetro** es la distancia alrededor de una forma o figura. Imagina que un paisajista dibuja un plano para un huerto cuadrado. Una cerca para conejos rodeará el huerto. ¿Por qué el paisajista necesita saber el perímetro?

Después de que los paisajistas saben qué quieren sus clientes, se hacen preguntas. ¿Cuánto espacio se necesita? ¿Cuáles son los mejores materiales para usar? ¿Puede el sueño de un cliente caber en ese espacio?

Pueden llamar a un **agrimensor** para que los ayude. Los agrimensores miden el terreno. Entonces, efectúan **relevamientos**. La mayoría de los relevamientos se realizan cuando se compra o se vende un terreno. Los relevamientos son el proceso de tomar mediciones de una propiedad. Para hacer un relevamiento, un agrimensor coloca pequeñas estacas en las cuatro esquinas de un terreno. Luego mide la distancia entre las estacas. Las distancias se usan para calcular la cantidad de terreno que se posee.

Otros paisajistas realizan sus propios relevamientos. Pueden usar sitios web como ayuda. Ahí pueden encontrar fotos **aéreas** de terrenos. Los paisajistas pueden imprimirlas. Las fotos les pueden ayudar a medir los terrenos.

Un agrimensor toma medidas.

8

Vista aérea de un vecindario

EXPLOREMOS LAS MATEMÁTICAS

Imagina que un jardín trasero tiene la forma de un rectángulo. El relevamiento del terreno muestra que dos lados tienen 18 pies de longitud. Los otros dos lados tienen 16 pies de longitud. Una cerca rodeará el jardín. ¿Cuál es el perímetro de este jardín? Encuentra dos modos de demostrar tu razonamiento.

16 ft

18 ft   18 ft

16 ft

Muchos paisajistas usan el diseño asistido por computadora.

Plano tridimensional generado por un programa de computadora

10

Cuando los paisajistas están listos, pueden hacer los planos de maneras diferentes. Se pueden usar programas informáticos para dibujar ideas. Algunos de estos programas hasta tienen vistas en tres dimensiones. O, los planos se pueden dibujar a mano. En este caso, usan papel borrador y lápices.

¡Los planos pueden incluso dibujarse en el jardín trasero con pintura en aerosol! Los paisajistas usan pintura especial para marcar los espacios donde van las cosas. Esto ayuda a que los clientes vean fácilmente cómo se usará el espacio. Pueden imaginar cómo se verá el espacio terminado. Esta es una buena manera de ayudar a que la gente se dé cuenta por anticipado si quiere cambiar de opinión.

Ya sea por computadora o a mano, los planos tienen que ser precisos. Esta es la única forma de saber dónde van a ir las cosas y si todas cabrán. Se agregan detalles para que los planos sean aún más precisos. Se puede usar color para que los planos sean más claros.

Los planos hechos a mano pueden ser precisos y coloridos.

Césped

11

El paisaje construido

Por fin están listos los planos. A los clientes les encantan las ideas. Ahora, es hora de que los paisajistas les den vida a estas ideas. Los proyectos pueden ser todos muy diferentes, por lo que tendrán mucho trabajo por delante.

Cercar el terreno

Las cercas son proyectos populares. Las familias con mascotas a menudo quieren cercas alrededor de su terreno. Esto evita que las mascotas se escapen. Si hay una piscina en la propiedad, una cerca es necesaria para la seguridad de las personas. A veces, una cerca está allí solo para mostrar dónde termina una propiedad.

Hay muchos tipos de cercas para elegir. ¡Algunas están hechas de materiales muy inusuales! Pero, la mayoría de las personas eligen algo común. Algunas cercas están hechas de metal, como el **hierro forjado**. También hay cercas de plástico. Otro tipo popular de cerca es de madera tratada. Se ve natural y es **asequible**. Se obtiene un buen resultado por un bajo costo. El tratamiento en la madera protege la cerca del deterioro, del clima y de los insectos.

Cerca hecha de viejas tablas de surf

Las cercas de hierro forjado pueden tener patrones intrincados.

EXPLOREMOS LAS MATEMÁTICAS

Una paisajista está instalando una cerca de madera tratada alrededor de una propiedad. Del relevamiento del jardín sabe que el terreno de la propiedad tiene la forma de un rectángulo. También sabe que el perímetro es de 70 metros. La anchura del jardín está rotulada como de 25 metros en el relevamiento. ¡Pero la longitud no se puede ver! ¿Cuál es la longitud del jardín?

Perímetro: 70 m

25 m   25 m

13

Planear el patio perfecto

Muchos espacios al aire libre tienen patios que se pueden usar como sala de estar y comedor. Los patios requieren proyectos de paisaje construido.

Es muy difícil mover un patio una vez que se instala. ¡A menudo se **cementa** en su lugar! Las piedras y rocas pueden pesar mucho, también. Por lo tanto, es importante que las mediciones sean correctas la primera vez.

Este patio se construirá con ladrillos colocados con precisión.

Los paisajistas necesitan saber acerca de los muebles que podrían ir en los patios. Muchos clientes quieren poder comer afuera. Por eso los arquitectos tienen que hacer que el tamaño de la obra sea mayor que el tamaño de una mesa. Esto es para que la gente tenga suficiente espacio para caminar y para alejar las sillas de la mesa. Las sillas deben permanecer sobre la obra. ¡Nadie quiere estar en el césped empapado!

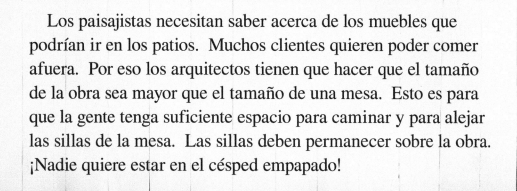

EXPLOREMOS LAS MATEMÁTICAS

Halla el perímetro de cada mesa rectangular.

Mesa	Longitud	Anchura	Perímetro
1	4 ft	4 ft	
2	6 ft	3 ft	
3	8 ft	2 ft	

Este juego de mesa y asientos fue diseñado para que parezcan hongos que crecen en el césped.

15

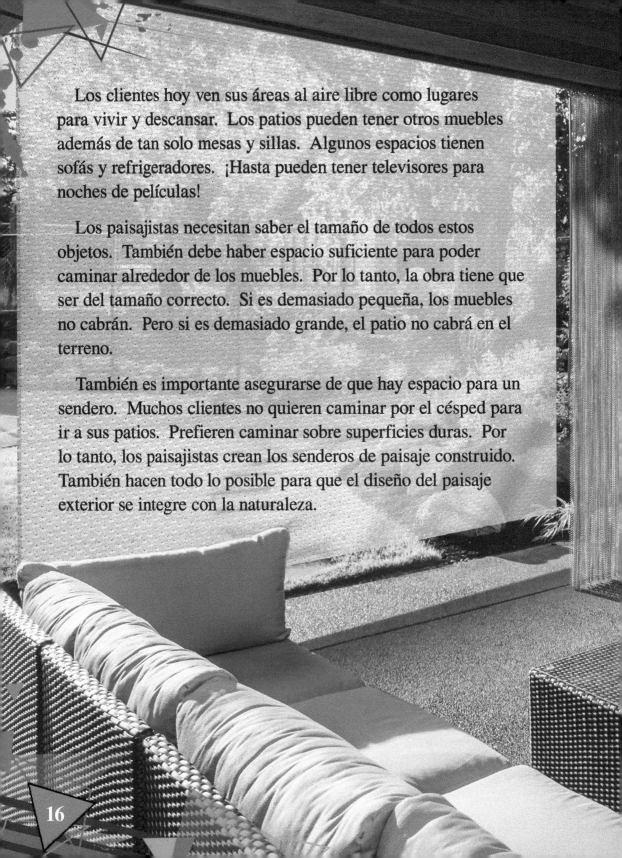

Los clientes hoy ven sus áreas al aire libre como lugares para vivir y descansar. Los patios pueden tener otros muebles además de tan solo mesas y sillas. Algunos espacios tienen sofás y refrigeradores. ¡Hasta pueden tener televisores para noches de películas!

Los paisajistas necesitan saber el tamaño de todos estos objetos. También debe haber espacio suficiente para poder caminar alrededor de los muebles. Por lo tanto, la obra tiene que ser del tamaño correcto. Si es demasiado pequeña, los muebles no cabrán. Pero si es demasiado grande, el patio no cabrá en el terreno.

También es importante asegurarse de que hay espacio para un sendero. Muchos clientes no quieren caminar por el césped para ir a sus patios. Prefieren caminar sobre superficies duras. Por lo tanto, los paisajistas crean los senderos de paisaje construido. También hacen todo lo posible para que el diseño del paisaje exterior se integre con la naturaleza.

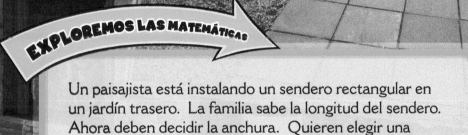

Un paisajista está instalando un sendero rectangular en un jardín trasero. La familia sabe la longitud del sendero. Ahora deben decidir la anchura. Quieren elegir una anchura basada en el perímetro resultante.

1. Completa la tabla para que la familia pueda decidir.

Longitud	Anchura	Perímetro
9 m	2 m	_____ m
9 m	3 m	_____ m
9 m	4 m	_____ m
9 m	5 m	_____ m

2. ¿Qué notas acerca de los perímetros? ¿Por qué piensas que ocurrió eso?

Prepararse para los *s'mores*

Chocolate cremoso, galletas dulces integrales y malvaviscos derretidos se combinan para el bocadillo perfecto al aire libre: ¡*s'mores*! ¿O tal vez prefieras los malvaviscos crujientes? De cualquier manera, se deben asar. Esta es solo una razón por la que muchos clientes piden fogones en sus patios.

Para algunos fogones, se coloca tubería de gas bajo tierra.
Aparece el fuego al pulsar un interruptor. Para otros, se usa
madera. Estos tardan un poco más en encenderse. De cualquier
manera, los fogones son parte del paisaje construido. A menudo
también hay una estructura alrededor de un fogón. De esta manera,
los clientes pueden sentarse alrededor del fuego. Pueden tener sus
sillas sobre una superficie estable.

La seguridad es clave cuando se construyen fogones. No pueden
estar bajo los árboles o los techos. Nadie quiere que una casa se
incendie. Por eso los paisajistas buscan espacios seguros. Debe
haber bastante espacio desde los árboles u otros elementos. Conocer
el perímetro de un fogón puede ayudar a llevar a cabo estos planes.

Una vista natural

¡Los espacios al aire libre pueden ser sorprendentes! Puede haber patios, senderos, muebles y fogones. ¿Falta algo? ¡Se necesita naturaleza! Un espacio al aire libre puede parecer desnudo con solo un paisaje construido. Por eso los paisajistas añaden plantas. Esto hace que el patio cobre vida. Pueden agregar flores, árboles y también arbustos.

Estos arbustos ocultan un aire acondicionado.

Plantar con un plan

Las plantas se pueden usar para definir un perímetro preciso alrededor de un espacio. Quizá los paisajistas planten flores junto a una cerca. De esta manera, rodean el patio. A veces se plantan árboles en medio de una gran área cubierta de césped. Las flores pueden rodear un árbol para hacer que el espacio se ilumine con el color.

A veces, la gente quiere esconder cosas en su patio. Por ejemplo, un acondicionador de aire puede parecer grande y fuera de lugar. Los botes de la basura no quedarían muy bonitos. Las plantas son el camuflaje perfecto. Las plantas altas pueden ocultar fácilmente estas vistas desagradables.

Las plantas también se pueden colocar en canteros de flores. Los paisajistas tienen en cuenta algunas ideas al diseñarlos. Primero, pueden optar por plantar flores agrupadas. Esto significa que no se planta un solo ejemplar de una flor. En cambio, se plantan muchas juntas. Esto da como resultado un manchón más grande de color. Otras plantas también se pueden plantar para hacer un borde alrededor de un cantero de flores. Esto hace que parezca más abundante. Si no, se pueden plantar flores junto con arbustos en un cantero para realzar el espacio.

Luego, los paisajistas suelen elegir tres colores principales de flores. Más de tres colores podría parecer desordenado. Así que varían los matices.

Finalmente, plantan flores según la altura. Las plantas altas van atrás. Las plantas más bajas van en el centro o el frente. De esta manera, se pueden ver. Plantas aun más pequeñas se pueden usar para bordear el perímetro de un cantero de flores.

Los arbustos detrás de las flores se ubican allí para llenar ese espacio.

Naranja, amarillo y púrpura iluminan este jardín.

Las flores altas añaden dimensión a este cantero.

23

Se piensa mucho a la hora de elegir las plantas. No todas las plantas crecerán bien en cualquier espacio. Algunas plantas necesitan mucha sombra. Para estas áreas, los paisajistas podrían usar flores murciélago. O bien, podrían optar por usar calateas amarillas para hacer un borde en forma de serpiente. Ambas plantas crecen bien en la sombra.

Otras plantas crecen al sol. Una opción obvia para una planta resistente es un cactus. Pero una exótica ave del paraíso también crecería bien ahí. ¡Tal vez una berenjena ornamental pueda colocarse a pleno sol con el ave del paraíso!

Al igual que el sol y la sombra, el suelo también puede afectar a las plantas. En algunos lugares, hay mucho suelo rocoso. El espliego es una planta **fragante** que crece bien en esos lugares. Otros lugares tienen suelo arenoso. Los árboles de Júpiter, con sus flores brillantes color rosa, rojo o morado, serían una buena opción en esos patios.

La supervivencia de una planta también depende del **clima**. Por ejemplo, la mayoría de las palmeras crecen mejor en climas cálidos. Pero, algunas pueden crecer bien en temperaturas bajo cero. Los paisajistas conocen esta información. Ayudan a las personas a elegir las mejores plantas para sus patios.

Flores del árbol de Júpiter

Ave del paraíso

Palmera

Saguaro

Espliego

25

ALTERNATIVE 'B'

HOUSE

Amante del exterior

¿Crees que tienes lo que se necesita para trabajar afuera? ¡Tal vez ser paisajista sea lo indicado! Para empezar, te debe encantar el aire libre. La mayoría de los paisajistas van a la universidad a estudiar matemáticas, arte y diseño. También debes aprender sobre plantas y medioambientes. Cuando hayas aprendido lo suficiente, obtienes una **licencia** para hacer el trabajo.

Pero, no tienes que esperar para hacer del aire libre algo especial. Tómate tiempo para observar la forma en que están planificados los parques, patios y jardines. Mide el perímetro de un espacio exterior. Planta un pequeño huerto o jardín con flores. ¿No hay espacio suficiente? ¡Solo se necesita una planta en una maceta al lado de una ventana para empezar!

Los paisajistas quieren hacer realidad los sueños al aire libre. Así que, la próxima vez que veas un patio hermoso, agradece a un paisajista. Y piensa en lo que puedes hacer para hacer el espacio al aire libre aún mejor.

⚙️ Resolución de problemas

Han contratado a un paisajista para rediseñar un parque de la ciudad. Las autoridades de la ciudad tienen algunas ideas. Saben que desean tres canteros de flores en el parque. Y quieren que cada cantero de flores sea un rectángulo. También tienen algunas ideas sobre el tamaño de cada cantero de flores. Completa la tabla para que el paisajista tenga toda la información necesaria. Luego, bosqueja cada cantero de flores. Usa tu propio papel o papel cuadriculado.

Longitud del cantero de flores	Anchura del cantero de flores	Perímetro
_____ m	1 m	8 m
4 m	_____ m	12 m
9 m	6 m	_____ m

Glosario

aéreas: vistas desde arriba

agrimensor: persona que mide e inspecciona áreas en terrenos

arbustos: plantas que tienen tallos leñosos y son más pequeños que los árboles

áreas verdes: los elementos naturales de un área al aire libre planificada

asequible: que da buenos resultados sin ser muy caro

cementa: se une con concreto

clientes: personas que le pagan a alguien o a una empresa por servicios

clima: las condiciones meteorológicas habituales de un lugar

fragante: que tiene un aroma agradable

hierro forjado: hierro que se usa para hacer cercas decorativas

licencia: un documento oficial que le da permiso a alguien para hacer algo

paisaje construido: instalaciones hechas por el hombre de un área al aire libre planificada

paisajistas: personas que diseñan patios y jardines con estructura exterior y plantas

perímetro: la distancia alrededor del contorno de una forma

relevamientos: las acciones de medir las dimensiones de áreas de tierra

Índice

Soluciones

Exploremos las matemáticas

página 7:

El perímetro le ayuda al paisajista a saber cuántos metros de cerca serán necesarios.

página 9:

68 ft; las respuestas variarán pero pueden incluir: $18 + 18 + 16 + 16$, o $(2 \times 18) + (2 \times 16)$.

página 13:

10 m

página 15:

Tabla 1: 16 ft

Tabla 2: 18 ft

Tabla 3: 20 ft

página 17:

1.

Perímetro
22 m
24 m
26 m
28 m

2. El perímetro aumenta en 2 m porque la anchura aumenta en 1 m cada vez, y hay dos anchuras en un rectángulo.

Resolución de problemas

Longitud del cantero de flores: 3 m

Anchura del cantero de flores: 2 m

Perímetro: 30 m

Los bosquejos variarán pero deben mostrar un rectángulo de 3 m por 1 m, un rectángulo de 4 m por 2 m, y un rectángulo de 9 m por 6 m.